Reise durch

OBERITALIENISCHE SEEN

Bilder von
Max Galli

Texte von
Michael Kühler

Stürtz

Erste Seite:
Die richtige Stimmung für traute Zweisamkeit, allein und doch nicht einsam, bietet ein Samstagabend an der Hafenpromenade von Menaggio am Westufer des Comer Sees.

Vorherige Seite:
Zypressen wachsen wie hier bei einer Villa am Westufer des Comer Sees nur in warmen Regionen oder in geschützten Lagen. In der Antike galten sie als so wertvoll, dass eine Zypressenplantage als ausreichende Mitgift für eine Tochter angesehen wurde.

Unten:
Ein Laubengang wie hier im Tessiner Ort Morcote am Luganer See bietet sich für das Flanieren ebenso an wie für eine Pause in einem der zahlreichen Cafés, die ihre Tische nach draußen gestellt haben.

Seite 10/11: *Herrlich beleuchtet liegen die Isola dei Pescatori, die Fischerinsel, und die Isola Bella, die „Schöne Insel“, im Lago Maggiore. Sie sind zwei der drei Borromäischen Inseln, zu denen auch die Isola Madre, die „Mutterinsel“, zählt.*

Inhalt

Wo die Zitronen blühen – die Oberitalienischen Seen

Am Nordufer des Luganer Sees liegt Gandria. Der pittoreske Ort, ein ehemaliges Fischerdorf, ist an den steilen Hang des Monte Brè gebaut, der als einer der sonnigsten Punkte der Schweiz gilt.

Bei seiner ersten Reise nach Italien wäre Johann Wolfgang von Goethe fast als Spion verhaftet worden, als er eine Burgruine am Gardasee zeichnete. Er zog sich aus der Affäre, indem er die Einheimischen von der Idylle der efeuumrankten Ruinen überzeugte und davon, dass dies auch Fremden gefallen müsse. Vielleicht hat unser Bild von Italien im Allgemeinen und von den Oberitalienischen Seen im Besonderen auch Goethes „Wilhelm Meisters Lehrjahre“ geprägt: „Kennst Du das Land, wo die Zitronen blühn…“

Speziell der Gardasee zwischen Salò und Limone am lombardischen, also westlichen Ufer und – vereinzelt – bei Torri del Benaco am östlichen, venezianischen Ufer galt lange Zeit als der nördlichste Ort der Welt, an dem Zitronen kultiviert werden konnten. Man findet hier immer noch Limonaien, Zitronengewächshäuser, in denen die Früchte im Winter mit Bedachung und kleinen Feuern vor Frost geschützt werden konnten. Schon seit der Römerzeit war der Anbau dieser bitter-süßen Frucht hier bekannt.

„Wo die Zitronen blühen“, so heißt auch ein aktueller Krimi des Autorenduos Massimo Carlotto und Marco Videtta mit Anspielungen auf dubiose Machenschaften von Familienclans im Nordosten Italiens, also weit weg von Neapel oder Sizilien. Zu früheren Zeiten waren es die Signorien, die Herrschaften der oberitalienischen Stadtrepubliken, wie die della Scala, die Visconti oder die Gonzaga, die durch ihren Zusammenhalt, ihren Kunstsinn und ihre Brutalität untereinander und gegen jeden Außenstehenden berühmt und berüchtigt wurden. Positive Reste dieses Zusammenhalts findet man immer noch im sprichwörtlichen „italienischen Familiensinn“. Der österreichisch-schweizerische Schriftsteller Friedrich Glauser, der das heute bekannte Krimi-Genre prägte wie kaum ein anderer, lieh sich für seinen Wachtmeister Studer als Erkennungszeichen eine Brissago, eine dünne Virginiazigarre mit Strohhalm im Mundstück, von den westlichen Oberitalienischen Seen. Ebenfalls typisch für diese Art von Unterhaltungsliteratur ist die Waffe „Beretta“, die bei Brescia herge-

stellt wird und mit der, nicht nur in der Fiktion, die Polizei ebenso ausgerüstet wird wie deren direkte Gegner.
In Locarno und Umgebung wurde 2004 ein kitschiger Spionagethriller des Bollywood-Regisseurs Rajiv Rai gedreht und Geheimagent James Bond sprang in „Golden Eye" von 1995 am Verzasca-Staudamm in die Tiefe. Die Neuauflage von „Casino Royale" aus dem Jahr 2006 mit Daniel Craig schließlich spielt zum Teil am Comer See. Die mediterrane Exotik am Fuß der Alpen taugt also auch hervorragend als „Kulisse" für den Kampf des Guten gegen das Böse.

Ein dicker Hund

Am Gardasee sind die Burgruinen der Skaliger nicht zu übersehen und in Verona stehen sie für das Mittelalter. Manche der Herren della Scala gaben sich Hundenamen wie Cangrande oder Mastino – und sie waren auch solche. Denn Brudermorde waren ebenso an der Tagesordnung wie Kirchgangmorde – bei all' ihrem Machterhalt mussten die Skaliger sich zuletzt vor allem vor den Bürgern Veronas fürchten, verschanzten sich meist in ihrer Festung und hatten beim Kirchgang außerhalb der eigenen Mauern in der Stadt die beste Möglichkeit, ihren Widersacher zu treffen. Trotz dieser „Exotik" werden an den Oberitalienischen Seen keine Hunde gegessen. Aber auf der Speisekarte findet man zuweilen Pferde- oder Fohlenfleisch, zum Beispiel als „Puledro", als Fohlenfilet.
Ein „dicker Hund" ist es, dass sich das Hotel „Bellagio" nicht am echten Comer See befindet. Die Rede ist zwar von einem der größten Hotelkomplexe der Welt mit knapp 4000 Zimmern und Suiten, zu den „Leading Hotels of the World" gehörig. Doch die Anlage mit ihrem drei Hektar großen See wurde der italienischen Landschaft am Comer See nur nachempfunden und befindet sich im US-amerikanischen Spielerparadies Las Vegas. Natürlich gibt es in diesem Hotel – wie an den westlichen Oberitalienischen Seen – ein Kasino; Eintritt erhält nur, wer bereit ist, um mindestens 20 000 Dollar zu spielen.
Die italienische Enklave am Luganer See in der Schweiz, Campione d'Italia, will ebenfalls mit ihrem Spielkasino trumpfen. Im Neubau von Mario Botta, der nicht nur außergewöhnliche Kirchen und pompöse Bankpaläste zu bauen versteht, ist ein Zutritt in legerer Kleidung nicht gestattet. Die Einheimischen, ungefähr 2500 an der Zahl, zahlen, wenn sie Italiener sind, 50 Prozent weniger Steuern als ihre Landsleute – sie können mit ihrem so Gesparten also ihr Glück im Roulette, Bakkarat, Black Jack oder mit einer der über 600 Slot Machines versuchen.

Sein Glück versuchte auch Otto Erich Hartleben (1864–1905), Sohn eines Bergbeamten aus dem Harz und heute nahezu vergessener Dichter. Er kaufte um die vorletzte Jahrhundertwende für sich und eine seiner zahlreichen Frauen eine Villa in Salò – um mit einer anderen Frau dort zu leben. In die Geschichte eingegangen ist er vielleicht noch am ehesten durch die Gründung seiner „Halkyonischen Akademie für unangewandte Wissenschaften" – und aufgrund seines Lebenswandels, der ständig zwischen Spiritualität und Spirituosen schwankte. Ein Spiel, das der seinerzeit gefeierte Dichter nicht gewinnen konnte – er verstarb im Alter von nur 40 Jahren.

Romeo und Julia in Verona

Nicht um ein Spiel, sondern um die große Liebe geht es bei Shakespeares weltbekanntem Drama „Romeo und Julia". Die beiden sind Kinder zweier Familien, die so erbittert miteinander verfeindet sind, dass sie sich regelmäßig zu Beleidigungen und blutigen Degenkämpfen hinreißen lassen, sobald sie in der Stadt aufeinander treffen. Romeo tötet im Kampf einen Cousin Julias, wird aus Verona verbannt und muss nach Mantua fliehen. Immer wieder berührend ist die Balkonszene, bei der sich die beiden Liebenden ihre Liebe gestehen. Natürlich muss es dann diesen Balkon in Verona auch geben. Und es gibt ihn, unweit der Piazza delle Erbe, also dem Kräutermarkt, und alle pilgern sie hin. Die, die dran glauben, sowieso, und die anderen auch. Eine Wand der Casa di Giulietta, Julias Haus, ist übersät mit Briefen verliebter Besucher, und es soll Liebesglück bringen, die Brust der Julia-Statue zu berühren – sie ist auf jeden Fall schon ganz blank geschliffen.
Opernfans strömen alljährlich zur Arena di Verona. Das ehemalige römische Amphitheater bietet heute 22 000 Zuschauern Platz. Am beliebtesten ist wohl immer noch „Aida" – jene Oper, mit der 1913 anlässlich von Giuseppe Verdis hundertstem Geburtstag die Arena als Freiluft-Theater eine Renaissance erlebte. Von Juni bis August finden hier auch Rockkonzerte statt und bei diesen, aber auch bei den klassischen Opernaufführungen stimmt nicht nur die Akustik: Auch das südländisch-lebendige Getriebe des Publikums ist den Besuch wert …
Unter anderem in Como und Lecco am Comer See, aber auch in Bergamo und in Mailand, spielt der Roman „I Promessi Sposi", der als „Die Verlobten" oder „Die Brautleute", ins Deutsche übersetzt wurde. Geschrieben hat ihn Alessandro Manzoni (1785–1873), der in Mailand geboren und in Lecco aufgewachsen ist. Er ist das erste Beispiel des modernen italienischen Romans, da er die lokalen Dialekte aus-

Der Lago Maggiore, zu Deutsch „Langensee", dient „drei Herren": der kleinere, nördliche Teil gehört zum Schweizer Tessin, während sich in Italien im Westen das Piemont und im Osten die Lombardei den See teilen. Der malerische Ort Vira liegt am südöstlichen Ufer auf Schweizer Gebiet.

blendet und mit dem einheitlichen Italienisch als Schrift- und Literatursprache zur Einigung Italiens beiträgt. Nach Dantes „Göttlicher Komödie" gilt der Roman als das bedeutendste Werk der klassischen italienischen Literatur. Verdis „Requiem" ist Manzoni gewidmet und wurde am ersten Todestag des Schriftstellers uraufgeführt.

Auch der erste Renaissanceroman und zugleich erste Künstler- und Malerroman der deutschen Literatur ist eng mit den Oberitalienischen Seen verbunden. Wilhelm Heinse (1746–1803) reiste 1780, also sechs Jahre vor Goethe, von Düsseldorf nach Italien. Der erste Teil seines Romans „Ardinghello" spielt im Jahr 1574 in Venedig und auf einem Landgut bei Peschiera am Gardasee. Auch wenn das Publikum, speziell die Damen von den Herzoginnen abwärts, das Buch vergötterten – es konnte ihm kein dauerhafter Erfolg beschieden sein, da es sowohl von Schiller („gemein, niedrig") als auch von Goethe („Zügellosigkeit des Genies") verrissen wurde. So leben wir weiter damit, dass es wohl der Geheime Rat aus Weimar war, der uns als erster riet, den Gardasee zu besuchen …

Mit dem Opel nach Ascona

1970 wurde ein Mittelklassewagen der Firma Opel nach Ascona am Lago Maggiore benannt, aber man fuhr ab der Mitte des 20. Jahrhunderts auch mit der Vespa, der Isetta, dem Goggomobil, dem DKW, dem „Käfer" oder gar dem „Kapitän" an die Seen. 1872 bis 1882 wurde der Eisenbahntunnel durch das Gotthard-Massiv gebohrt und gesprengt – der mit 15 Kilometern damals längste Tunnel der Welt. Die Bauzeit für den zwei Kilometer längeren Straßentunnel durch den Gotthard dauerte ebenfalls zehn Jahre, von 1970 bis 1980; er ist Teil der kürzesten europäischen Autobahnverbindung zwischen Hamburg und Sizilien. Man muss also nicht mehr, wie einst Hannibal, mit Elefanten über die Alpenpässe ziehen … Wieder der längste Tunnel der Welt soll der neue, sogenannte „Basistunnel" für die Eisenbahn unter dem Gotthard werden. Die Eröffnung der 57 Kilometer langen Strecke ist für das Jahr 2017 geplant. Der Anstich dafür erfolgte 1999, man geht also von einer Bauzeit von circa 18 Jahren aus. Die Fahrzeit von Zürich nach Mailand soll dadurch um etwa eine Stunde, von 220 auf 160 Minuten,

verkürzt werden. Damit könnten dann Seebewohner nicht nur in Mailand, sondern auch jenseits der Alpen, in Zürich, arbeiten.
In den engen, typisch italienischen Gassen an den Seen oder auf den einspurigen Serpentinenstraßen in den Bergen ringsherum findet man immer öfter große, typisch amerikanische Autos. Wobei es ein Trugschluss ist zu glauben, die Abkürzung „SUV“ würde für „Sport Utility Vehicle“ stehen. In Italien versteht man darunter eher die Frage „Saranno Utili Veramente?“, „Kann ich so einen Wagen wirklich gebrauchen?“
Von allen Italienreisenden ist Goethe den Italienern der berühmteste und geachtetste, weil aus seinen Bemerkungen über Land und Leute „freundliche Zuneigung ohne jede Erhebung, neugieriges Staunen ohne Besserwisserei und dankbares Empfangen ohne hochnäsige Abwehr“ sprechen. Kein Wunder, Goethe war des Italienischen kundig und froh darüber, dass die geliebte Sprache lebendig, dass sich die lateinischen Verse des bei Mantua geborenen Vergil über den Gardasee ab dem Beginn seiner „Italienischen Reise“ mit Inhalt füllten. Jener Reise also, die 1786 als Flucht begann und als Dienstreise endete.

Heilige Berge der Wahrheiten

Während der Gardasee zum Trentino, zur Lombardei und zum Bezirk Verona gehört, teilen sich die Ufer des Lago Maggiore der schweizerische Kanton Tessin, das Piemont und die Lombardei. In der Lombardei und dem Piemont gibt es insgesamt neun Sacri Monti, Heilige Berge, die im späten 16. und 17. Jahrhundert, also in der Zeit der Gegenreformation, ins Leben gerufen wurden. Die Heiligen Berge sind seit 2003 ein Bestandteil des UNESCO-Weltkulturerbes. Das Konzil von Trient 1545 bis 1563 war ein Ausgangspunkt der Gegenreformation in Europa. Neben dem Sacro Monte di Ossuccio, an der Westseite des Comer Sees gelegen, gibt es den Sacro Monte di Varallo, westlich des Ortasees, der die älteste und größte Wallfahrtsstätte dieser Art darstellt. Der Sacro Monte di Varese liegt nördlich des gleichnamigen Lago di Varese, der ebenfalls eiszeitlich entstanden ist, aber nur bis zu 26 Meter Tiefe aufweist. Die Andachtsstrecke dieses Heiligen Berges stellt die Mysterien des Rosenkranzes dar, die nach der Schlacht von Lepanto im Jahr 1571 Quelle der Inspiration religiöser Andacht in Europa wurden.
Beim Sacro Monte d'Orta, am gleichnamigen See gelegen, blicken alle Kapellen auf den See, der ein stimmungsvolles und malerisches Landschaftsbild bietet. Anders als die anderen Heiligen Berge ist er nicht dem Leben Christi oder Mariä gewidmet, sondern dem heiligen

Der nördlich gelegene Lago di Mezzola (am unteren Bildrand) wird durch eine schmale Wasserstraße mit dem südlichen Lago di Como, dem Comer See, verbunden. Hier scheint man die eisigen Zungen der Gletscher förmlich zu spüren, die diese Landschaftsformen einst schufen …

Franziskus als Nachfolger Christi. 20 von einst 50 geplanten Kapellen mit knapp 400 lebensgroßen Figuren und 900 Fresken zeugen vom Eifer der Gegenreformation.

Einem Heiligen Berg ähnlich ist die barocke Wallfahrtskirche Madonna del Sasso hoch über Locarno. Das Gotteshaus überrascht mit ungewöhnlich drastischen Votivmalereien und lebensgroßen Holzfiguren. Die tiefe Frömmigkeit hat eine lange Tradition. Denn aus Desenzano del Garda stammt Angela Merici (um 1470–1540), die Gründerin der „Compagnia di Sant'Orsola", aus der sich der Orden der Ursulinen entwickelte. Sie wurde 1807 heilig gesprochen. Der um das Jahr 1000 bei Como geborene Arialdus ist ebenfalls ein Heiliger der römisch-katholischen Kirche. Auch der 1831 in Limone sul Garda geborene und 1881 im Sudan verstorbene Daniele Comboni wurde 2003 heilig gesprochen.

Kaum etwas scheint den Gründern des Monte Verità, des Berges der Wahrheit, hoch über Ascona heilig gewesen zu sein. Sie predigten Freikörperkultur und freie Liebe, aßen aber fleischlos. Einer der Gäste war Leopold Wölfling, nicht Geadelter, sondern Entadelter, ehemals Erzherzog von Österreich und zum Schluss seines Lebens Würstelverkäufer in Berlin. Erich Mühsam zog sich hierher zurück zum Entgiften. Heute ist auf dem Monte Verità kaum mehr Platz für Avantgarde, Spinner oder Künstler – der Zeitgeist hat Einzug gehalten. Auf dem Hügel bietet ein Tagungszentrum mit Restaurant und Wellnessräumen seine Dienste an.

Heilig ist vielen das Internationale Filmfestival von Locarno. Stars und solche, die es werden wollen, geben sich vor dem enthusiastischen Publikum an der Piazza Grande die Klinke oder die Kaffeetasse in die Hand. Das kleinste der großen Filmkunstfestivals mit Weltbedeutung hat eine lange Tradition im Autorenfilm. Während der Festivalzeit alle Jahre wieder im August kommen Massen von Bildungspublikum an den Schweizer Teil des Lago Maggiore.

Ascona direkt in der Nachbarschaft von Locarno, die ehemalige Hochburg des Jet Set, wird heute zunehmend von dem Frankfurter Millionär Stefan Breuer „regiert". Er gründete Restaurants mit der Glückszahl 7, Seven, da er zusammen mit seiner Frau fünf Kinder hat. Zu seinen Gewohnheiten zählt es nicht nur, dass er sich täglich mit seinem weißen Sportwagen einer

Edelmarke an der Uferpromenade sehen lässt, er ist auch meist barfuß unterwegs. Bekannt wurden seine Restaurants nicht zuletzt deshalb, weil der Spitzenkoch seiner Restaurants Ivo Adam Rezepte schon einmal im (Schweizer) Fernsehen gerappt hat.
Dass es „All-in-one“ nicht nur in Ferienanlagen gibt, das beweist das Mischlokal „2Bed“, Ristorante und Discoteca in Como. Der Kombi-Club mit weißen Lounge-Sesseln, lilafarbenen Wänden und coolem Restaurant bietet Essen mit anschließendem Abtanzen in Einem. Die „Delta Beach Lounge“ in Ascona oder das „Sessantacinque“ in Oggiono, an einem kleinen See südlich des Comer Sees in der lombardischen Brianza gelegen, haben sich ein ähnliches Konzept auf die Fahnen geschrieben. Hier verkehren Junge und Junggebliebene aus Mailand wie aus anderen Metropolen zwischen Alpenrand und Poebene, zwischen Hamburg und Sizilien …

Man spricht bayerisch

International geht es auch am Gardasee zu. 1805 bis 1815, für eine kurze Zeit nur, aber immerhin, gehörten Riva und das Ostufer – wie Südtirol und der gesamte Trentino – zu Bayern. Allerdings haben sich altbairische Sprachinseln am Gardasee selbst, anders als in Südtirol, nicht erhalten. Hier wird, wenn überhaupt, „Neubayerisch“ gesprochen, das durch eingewanderte altbayerische Surflehrer und deren Schüler aus der alten Heimat auf dem Laufenden bleibt. 1880 kam der deutschsprachige Louis Wimmer an das Westufer des Gardasees und meinte, auch seinen Landsleuten könne es hier gefallen; er begann mit dem Bau des Grand Hotel Gardone und legte damit den Grundstein für den Tourismus am See.
Am Gardasee findet man also Bayern als Surflehrer, Engländer als DJs oder Holländerinnen als Barmädchen. Der bayerische Kabarettist Gerhard Polt hätte seinen Film „Man spricht deutsh“ statt am Mittelmeer genau so gut am Gardasee ansiedeln können. In den Restaurants der Touristenhochburgen findet man auf den Speisekarten zuweilen „Wurstel con Crauti“ statt des original italienischen Gerichts „Crauti alla Casalinga“, Sauerkraut nach Hausfrauenart mit Speck, Salami, Kartoffeln und Weißwein. Hier gibt es auch Schnitzel Wiener statt Mailänder Art, obwohl ersteres doch von letzterem abstammt.
Der ebenfalls eiszeitlich entstandene Starnberger See in Bayern ist, wenn auch nur halb so groß, dem Gardasee sehr ähnlich: in der lang gestreckten Form wie auch mit der auffälligen Erweiterung nach Westen. Ob es wohl gerade deshalb so viele Bayern hierher zieht? Eine „Gegenbewegung“ hatte im Mittelalter statt-

Lavertezzo im Verzasca-Tal ist ein guter Ausgangspunkt, um die Täler Piccascia, Carecchio, d'Agro und Orgnana zu erkunden. Die faszinierende Bergwelt gehört zum Tessin und liegt unmittelbar nördlich des Lago Maggiore.

gefunden. Die Skaliger wurden aus Verona vertrieben und flohen über die Alpen nach Bayern. Hier ließen sie sich, eingedeutscht als „Herren von der Leiter", nieder. Der letzte des einst mächtigen Geschlechts ruht in der Dorfkirche von Amerang im Chiemgau.
In der Saison wird an den Seen durchaus Deutsch verstanden und gesprochen, auch wenn sich die italienischen oder italienisch sprechenden Schweizer Gastgeber freuen, sobald sich ihre Gäste etwas Mühe geben mit ihrer Sprache.

Die Renaissance der Oberitalienischen Seen

An der Brescianer Riviera des Gardasees begann in der Belle Epoque der Tourismus langsam und gediegen. Hier logierten die oberen Zehntausend in Nobelherbergen und Grand Hotels oder ließen sich gleich selbst repräsentative Villen errichten: Man war unter sich. Ab der Zeit des Wirtschaftswunders kamen immer mehr Scharen von Sonnenhungrigen – sie waren dann ebenso, kaum zu übersehen, unter sich. Ab den 1990er-Jahren flaute die ständig wachsende Flut Erholungssuchender ab und es war an der Zeit, im Tourismus mehr auf Qualität denn auf Quantität zu achten.
Dies betraf auch Weine wie den Bardolino vom Gardasee oder den Valpolicella aus dem Gebiet nördlich von Verona. Vorreiter waren nicht zuletzt die Winzer der Franciacorta südlich des Iseosees. Wein „mit Luftbläschen" ist aus diesem Landstrich seit 1570 bekannt. Seit 1961 wird hier Schaumwein nach Art des Champagners, also mit Flaschengärung, produziert, der wegen seines DOCG-Prädikats mittlerweile weithin berühmt ist. In der Franciacorta verbrachten seit dem 15. Jahrhundert viele Mailänder und Brescianer Adelsfamilien ihre Sommerfrische in Landvillen; am bekanntesten ist die Villa Lechi, die vom Renaissance-Architekten Andrea Palladio geschaffen wurde.
Noch nicht sehr bekannt sind die prähistorischen Felsritzungen im Valcamonica, obwohl sie bereits 1979 – noch vor dem historischen Zentrum Roms – als erstes Kulturdenkmal Italiens in die UNESCO-Weltkulturerbeliste eingetragen wurden. 140 000 Darstellungen des täglichen Lebens ritzte der bisher kaum erforschte Volksstamm der Camunen in der Zeit ab 4000 v. Chr. in die Felsen – die Darstellungen zeugen vom Beginn der Zivilisation am Fuß der Alpen.

Peschiera del Garda liegt am einzigen Abfluss des Gardasees, dem Fluss Mincio. Um 1650 wurde hier Pietro Torri geboren, der im Zeitalter des Barock zum Komponisten am bayerischen Hof der Wittelsbacher avancierte.

Eine Rückbesinnung auf die Antike oder eine Wiedergeburt erfolgte nach dem Mittelalter in der Baukunst. Als erster Bau der lombardischen Frührenaissance gilt die Colleoni-Kapelle in Bergamo. Bartolomeo Colleoni (um 1400–1475) ließ sie sich noch zu Lebzeiten als Grabkapelle errichten. Die anderen Herrscher wollten ihm nicht nachstehen und so entstanden repräsentative Villen, zauberhafte Parks, überdimensionale Paläste oder gleich eine ganze „Ideal-Stadt". Als letzteres gilt der kleine Ort Sabbioneta. Zusammen mit dem nahe gelegenen Mantua wurden die beiden Orte wegen ihrer Renaissance-Kunst 2008 in die UNESCO-Weltkulturerbeliste aufgenommen. Beide liegen immer noch im touristischen „Windschatten". Das ist erstaunlich, ist doch die Entfernung vom Gardasee hierher nur kurz: man muss nur dem Flusslauf des Mincio folgen. Und gerade für (süd-)deutsche Gäste finden sich spannende Spuren ihrer eigenen Geschichte. Barbara Gonzaga von Mantua wurde durch ihre Heirat 1474 mit Graf Eberhard im Bart im Jahr 1495 zur ersten Herzogin von Württemberg. Ein Mantuaner Chronist der Hochzeit in Urach berichtete anschaulich und verwundert darüber, wie „rückständig" und im Vergleich zu seiner Heimat wenig glanzvoll es doch nördlich der Alpen zugehe... Auch der erste Renaissance-Palast nördlich der Alpen, die Stadtresidenz im niederbayerischen Landshut, hat seine Ursprünge in dem Palazzo del Te von Mantua. Der Palazzo Ducale dieser Stadt mit seinen 450 Wohnräumen gilt als einer der größten Paläste Italiens. Er begeistert nicht zuletzt mit Andrea Mantegnas Fresken in der „Camera degli Sposi" (Hochzeitszimmer), die der Künstler, erotische Anspielungen nicht aussparend, 1474, also im Jahr der Uracher Hochzeit, vollendete.

Seite 22/23:
Der schönste Blick auf die Orte am See wie hier Morcote ergibt sich oft bei einer Schifffahrt. Anders als die anderen Oberitalienischen Seen gehört der größte Teil des Luganer Sees zur – italienischsprachigen – Schweiz.

Seite 24/25:
„Via Magistris" wird die Uferpromenade von Cannobio genannt. Der Ort liegt unweit der Schweizer Grenze am Westufer des Lago Maggiore im Piemont.

Titanic II

Im Nordwesten – schweizerisch-italienische Seen am südlichen Alpenrand

Ascona am Lago Maggiore ist nicht nur als Treffpunkt des Jet-Sets bekannt, auch ganz normale (Lebens-) Künstler geben sich hier ein Stelldichein. Abends ist der Hafen bei Einheimischen wie Gästen gleichermaßen beliebt.

Der Lago Maggiore, im Deutschen manchmal auch „Langensee" genannt, gehört ebenso wie der Luganer See zum Teil zur Schweiz und zum anderen Teil zu Italien. Der Comer See, der Ortasee oder der Lago di Varese dagegen sind „echte", da ausschließlich in Italien liegende Oberitalienische Seen. An all' diesen Seen ist der Einfluss von Mailand in jeder Hinsicht spürbar, denn viele wohnen an den Seen und arbeiten in Mailand, andere wohnen in der Stadt und betrachten die Seen als vor der Haustür liegendes Naherholungsgebiet.

Neben den Sacri Monti, den Heiligen Bergen, gibt es hier noch einen ganz anderen „Wallfahrtsort". Denn Mandello del Lario bei Lecco am Ostufer des Comer Sees ist die Heimat einer Ikone der italienischen Motorradwelt: Hier residieren die Moto-Guzzi-Werkstätten. In diversen Betrieben rund um den Comer See entstehen 3200 Tonnen Seide im Jahr, das entspricht drei Vierteln der europäischen Seidenverarbeitung. Die Firma „Alessi" mit dem berühmten Flötenkessel hingegen ist seit langem am Ortasee beheimatet. Doch nicht nur Industrie und Design sind an den westlichen Oberitalienischen Seen zu Hause, hier fühlen sich Kunst und Kultur, Literatur und Avantgarde, Jet Set und andere Adelige wohl.

Pietro Antonio Brentano (1735–1797) entstammte einem italienischen Adelsgeschlecht aus dem Weinbaugebiet am Comer See – „Brenta" ist hier die Bezeichnung für eine Weinbutte. Verheiratet war er in Deutschland in zweiter Ehe mit Maximiliane, der Tochter von Sophie von La Roche. Zwei der zwölf Kinder des Paares, Bettina und Clemens Brentano, sowie der Schwiegersohn Achim von Arnim gehören zu den berühmtesten deutschen Romantikern. Mit der Romantik erreichte der deutsch-italienische Kulturaustausch einen Höhepunkt – viele Bürger- und Adelsfamilien erwählten sich einen Ort am Comer See zu ihrem Sommersitz.

Linke Seite:
Idylle pur: Verwunschene Wege schlängeln sich in Ascona hinunter zum Lago Maggiore. Der Ort wurde nicht zuletzt durch den Monte Verità, den Berg der Wahrheit, weithin berühmt.

Morgenstimmung an der Hafenpromenade von Ascona am Lago Maggiore – eine Aufbruchsstimmung verspürten die (Dauer-) Gäste des nahe gelegenen Monte Verità. Denn sie predigten Anfang des 20. Jahrhunderts Freikörperkultur und freie Liebe.

Über der Dächerlandschaft von Ascona erhebt sich stolz der Turm der Kirche Santi Pietro e Paolo, der Heiligen Petrus und Paulus. Der Ort war Namensgeber für den Mittelklassewagen „Opel Ascona" in den 1970er- bis 1980er-Jahren, doch bereits Ende der 1950er-Jahre wurden in der Schweiz einige Sondermodelle des „Olympia Rekord" als „Ascona" bezeichnet.

Unten:
Ascona am Lago Maggiore ist der Geburtsort einiger berühmter Persönlichkeiten aus Kunst, Kultur und Architektur. Neben dem Industriedesigner Hannes Wettstein (1958–2008) kam hier 1935 der Schweizer Clown Dimitri zur Welt, der ein Theater, eine Theaterschule und ein Komiker-Museum gründete.

Rechts oben:
Der Turm der Pfarrkirche Santi Pietro e Paolo überragt die Dächer von Ascona. Im Inneren befindet sich ein Altarbild der Krönung Mariens von Giovanni Serodine.

Rechts Mitte:
Morgens vor acht Uhr schlafen die meisten Freizeitkapitäne in Ascona noch ... Wohl dem, der so früh schon unterwegs ist und die Stimmung genießen kann.

Rechts unten:
Abends nach acht Uhr herrscht in Ascona am Hafen und in der Via Moscia noch reges Treiben. Typisch italienisch könnte man am Südrand der Schweiz sagen ...

Oben:
Ronco sopra Ascona ist ein malerisches Bergdorf oberhalb von Ascona und hoch über der Isola di Brissago im Lago Maggiore. Von einer Terrasse bietet sich ein herrlicher Blick auf den See.

Rechts:
Rosa Geranien, rankender Wein und rote Rosen verleihen diesem Haus in Ronco sopra Ascona ein verwunschenes Aussehen.

Ganz rechts:
In Ronco sopra Ascona machen die grünen Ranken auch vor den höheren Etagen nicht Halt.

Links:
Brissago liegt zwischen Ascona und der Grenze zum Piemont in Italien. Die Pfarrkirche Santi Pietro e Paolo entstand im 16. Jahrhundert im Stil der lombardischen Renaissance.

Unten:
Bereits im 16. Jahrhundert hatte Brissago annähernd zweitausend Einwohner, was bis heute konstant geblieben ist. Seit 1847 wird hier die „Brissago Originale“, eine leicht gekrümmte Virginiazigarre, hergestellt.

Oben:
Von Ronco sopra Ascona öffnet sich ein zauberhafter Blick auf die beiden Isole di Brissago. Die kleinere der beiden Inseln ist naturbelassen, während man auf der größeren den botanischen Garten besuchen kann.

Rechts:
Wie ein exotischer Urwald wirkt der botanische Garten der Isola di Brissago im Lago Maggiore, der von der deutsch-russischen Baronin Antoinette de Saint Léger angelegt worden ist. Seit Mitte des 20. Jahrhunderts ist er für die Öffentlichkeit zugänglich.

Oben:
Der Hamburger Warenhausmillionär Max Emden übernahm in den 1920er-Jahren die Brissago-Inseln und ließ eine neue Villa samt Orangerie und Hafen errichten.

Links:
Für eine Hochzeit ist die größere der beiden Brissago-Inseln ganz sicher der richtige romantische Rahmen. Nach dem plötzlichen Tod Emdens 1940 verkaufte sein nach Chile ausgewanderter Sohn die Inseln an den Kanton Tessin und die umliegenden Gemeinden.

Unten:
Die Wallfahrtskirche Madonna del Sasso gilt als Wahrzeichen von Locarno und geht auf eine Muttergotteserscheinung im Jahr 1480 zurück. Die heutige Fassade der Kirche im Stil der Neorenaissance stammt aus dem Jahr 1890.

Rechts oben:
Von der Wallfahrtskirche Madonna del Sasso hat man das ganze Panorama von Locarno am Lago Maggiore vor Augen. Seit 1906 erreicht man die Kirche von der Stadt aus mit der „Funicolare", einer Standseilbahn.

Rechts Mitte:
Auf der – seit 2007 verkehrsfreien – Piazza Grande von Locarno am Lago Maggiore sieht es nicht immer so „übersichtlich" aus wie hier an einem frühen Abend im Juli. Jedes Jahr im August findet hier das kleinste der großen Filmkunstfestivals mit Weltbedeutung (A-Kategorie) statt.

Rechts unten:
Locarno am Lago Maggiore gilt als wärmster Ort der Schweiz und als die nördlichste Ortschaft mit mediterranem Klima an einem See. Neben dem Hafen verfügt die Stadt auch über zwei Kopfbahnhöfe und einen kleinen Flugplatz.

Oliven und Wein – Küche und Keller

Bis zu tausend Jahre alte, im Sonnenlicht silbrig glänzende Olivenbäume prägen das Bild an den Ufern der Oberitalienischen Seen ebenso wie die Weinberge. Das schmackhafte Olivenöl wird in der Regel nicht exportiert, sondern nur vor Ort an den Mann und an die Frau gebracht. Die Zitronen vom Gardasee wurden einst bis nach Mitteleuropa verkauft. Obwohl sie mehr Gehalt an Vitamin C haben sollen als ihre südlichen Schwestern, liefen ihnen diese den Rang ab. Mit der Vereinfachung des Transports von Sizilien in den hohen Norden begann der wirtschaftliche Niedergang des Zitronenanbaus am Rand der Alpen. Ein außergewöhnlich strenger Winter in den 1920er-Jahren ließ die meisten Bäume erfrieren – erst mit einer Rückbesinnung auf die Qualität lokaler Produkte begann ein zarter Neuanfang.

Viel weiter ist man schon beim Wein. Vorgemacht haben es die Winzer aus der Franciacorta mit ihrem Schaumwein. Barrique-Ausbau und andere Qualitätsoffensiven haben bei Bardolino, Valpolicella und Co. zu mehr Genuss und weniger Hektolitern geführt. Der Bardolino ist ein süffiger Rotwein, der jung getrunken werden sollte. Weine aus dem Kerngebiet zwischen den Gemeinden Bardolino, Lazise und Affi dürfen „Bardolino Classico“ genannt werden. Es werden die Qualitätsstufen DOC und DOCG produziert; DOCG muss unter anderem mindestens elf Prozent Alkohol enthalten und trägt die Bezeichnung „Superiore“. Vom Verschnitt her ähnelt der Bardolino dem Valpolicella. Dieser gedeiht nördlich von Verona. Die Classico-Weine wachsen auf einer Höhe von 70 bis 400 Metern und sind vor den kalten Nordwinden durch die Dolomiten wie auch durch den Temperaturausgleich des nahe gelegenen Gardasees geschützt. Der Barbera ist eine hochwertige rote Rebsorte aus dem Piemont, die hier bereits im 13. Jahrhundert angebaut wurde und heute in ganz Italien und darüber hinaus verbreitet ist. Beim Bardolino wird sie als Verschnittpartner verwendet. An den Seen ebenfalls gerne getrunken wird der Barbaresco, ein trockener Rotwein aus der Region Langhe im Piemont. Er ist weniger wuchtig und samtiger als der Barolo. Dieser gilt als „Wein der Könige“ und „König der Weine“. Er stammt ebenfalls aus der Region Langhe und ist in der Regel nach fünf bis sechs Jahren Lagerung trinkbar. Eine Besonderheit bildet der Merlot. Im Gebiet der Oberitalienischen Seen wird er nur im Schweizer Kanton Tessin als reiner Sortenwein ausgebaut.

Von den Grotti zu den Luxusrestaurants

Im Tessin und südlich davon wurden Lebensmittel früher in einfachen Felsenkellern, den Grotti, kühl aufbewahrt. Später stellte man Steintische vor die Eingänge und servierte zum Wein meist einfache Gerichte. Heute liegen urige Grotti meist versteckt, sind schwer zu finden und ein Geheimtipp der Einheimischen. Andere mutierten zu – teils großen – Luxusrestaurants, die außer dem Namenszusatz „Grotto“ kaum mehr etwas von der ehemals einfachen Schenke ahnen lassen.

Im ganzen Norden Italiens ist die Polenta ein weit verbreiteter Brei aus Mais-Grieß. Traditionell wird der Grieß langsam in kochendes Salzwasser eingerührt und dann muss die schwere Masse beständig bis zu einer Stunde lang in der immer gleichen Richtung gerührt werden, damit sie eine glatte Konsistenz erhält und nicht zu stark anbrennt. Früher ein „Arme-Leute-Essen“, ist die Polenta im Norden Italiens so beliebt geblieben, dass die Süditaliener ihre Landsleute etwas abfällig „polentoni“, Polentafresser, nennen. Ebenfalls als „Brot der Armen“ galten Kastanien. Die Bäume stammen ursprünglich aus dem Kaukasus und wurden schon von Vergil besungen.

Auf den Speisekarten findet man zuweilen Erklärungsbedürftiges. „Brutti ma buoni“, hässlich aber gut, sind makronenartige Mandelkekse mit Zimt und Vanille. „Strangolapreti“, zu Deutsch „Priesterwürger“, sind eine Trentiner Spezialität von Spinatgnocchi. „Taleggio“ ist ein würzig-cremiger Weichkäse aus dem grünen Voralpental Valsassina. Er reift 40 bis 50 Tage in einem alten Felsenkeller, einem echten Grotto also.

Links:
Zitronenlikör zählt zu den Spezialitäten der Region Gardasee und ist ein beliebtes Mitbringsel aus dem Land, wo die Zitronen blühen …

Oben:
An der Hafenpromenade von Pescallo di Bellagio am Comer See ist die traumhafte Natur-Kulisse für ein gelungenes Abendessen inbegriffen.

Kleine Bilder rechts, von oben nach unten: Das moderne Café „Fred Bar" in der Altstadt von Como bietet neben ausgewählten Speisen und Getränken auch einen sehr freundlichen Service.

Gelati, das berühmte italienische Eis, darf auch in Sirmione am Gardasee nicht fehlen.

Auf dem Mittwochsmarkt in Luino am Lago Maggiore locken verschiedene Sorten von Käse, Schinken und Salami die Genießer an.

Eingelegte Oliven sind an den Oberitalienischen Seen wie in anderen südlichen Gefilden ein beliebter Begleiter zum abendlichen Glas Wein.

Oben:
Berühmt ist das Verzasca-Tal nicht zuletzt für die Ponte dei Salti, die aus dem Mittelalter stammende Brücke mit den beiden Bögen. Das Tal gilt im Tessin als eines der abgelegensten und ursprünglichsten, in dem man noch immer Rustici, alte Steinhäuser, und Grotti, einfache Wirtsschenken, findet.

Rechts:
An einem Badestrand wie diesem am Fluss Maggia im gleichnamigen Tessiner Tal lässt es sich im Sommer gut aushalten. Max Frisch, der im nahe gelegenen Onsernone-Tal lebte, ließ in seinem Buch „Der Mensch erscheint im Holozän" den Protagonisten eine Wanderung ins Maggia-Tal unternehmen.

Noch abgelegener und idyllischer als im Tessiner Örtchen Linescio mit seinen 40 Bewohnern kann man nicht leben, könnte man denken. Doch ganz am Ende desselben Tales, auf einer Höhe von 1500 Metern, leben im Dorf Bosco Gurin etwa 70 Menschen, die noch immer einen deutschen Walserdialekt sprechen.

Der Fluss Verzasca im gleichnamigen Tal ist bei Kanufahrern und Tauchern sehr beliebt, obwohl oder weil er als schwierig bis gefährlich gilt.

Seite: 42/43:
Die Isola dei Pescatori, die Fischerinsel, gehört zu den Borromäischen Inseln und ist die einzige im Lago Maggiore, die seit dem 14. Jahrhundert dauerhaft bewohnt ist.

VERBANO II

VERBANO
ALBERGO RISTORANTE

Oben:
Isola Bella, die schöne Insel, ist ein Tourismusmagnet am und im Lago Maggiore. Das Eiland, gut 300 auf knapp 200 Meter groß, gehört zu den Borromäischen Inseln und ist per Boot von Stresa aus zu erreichen.

Rechts:
Carlo III. Borromeo hatte den Felsen auf der Insel planieren und für seine Frau Isabella D'Adda einen Palast errichten lassen. Zum Palast gehört ein wunderschön angelegter und liebevoll gepflegter Garten – der Name der Insel wurde von „Isola Isabella“ auf „Isola Bella“ verkürzt.

Oben:
Wie viele ehemalige Eremitenstätten ist das Wallfahrtskloster Santa Caterina del Sasso am Lago Maggiore an einer unzugänglichen Stelle an einem sehr steilen Berghang gebaut. Heute sind Kirche und Klostergebäude über eine steile Wendeltreppe und über einen Aufzug erreichbar.

Links:
Isola Madre, die „Mutterinsel", verfügt wie die beiden anderen größeren Borromäischen Inseln über einen Hafen. Bereits im 9. Jahrhundert gab es eine Kirche auf der Insel, die dem heiligen Viktor geweiht war.

Unten:
Die Piazza Indipendenza, der Platz der Unabhängigkeit, liegt an der Uferpromenade von Cannobio. Die Gemeinde am westlichen Ufer des Lago Maggiore gilt als erster größerer Ort nach der Grenze zur Schweiz.

Rechts oben:
Malerisch ist die Abendstimmung am Hafen von Cannobio. Der Ort befindet sich auf dem Schwemmkegel des Flusses Canno-

bino, der auf seiner Länge von 25 Kilometern gut 800 Höhenmeter Gefälle, von über 1000 Meter auf 195 Meter, aufweist.

Rechts Mitte:
Fast egal, wer verliert: Gemeinsam draußen im Fernsehen Fußball zu schauen ist für das Publikum auf jeden Fall ein Gewinn. So gesehen ersetzt die Piazza das heimische Wohnzimmer …

Rechts unten:
In Cannobio reicht der Blick von der Via Umberto bis zum Lago Maggiore. Schmale Gassen mit Treppenstufen zeigen die Hanglage des Ortes.

Oben:
Das Grand Hotel des Iles Boromees in Stresa an der Uferpromenade des Lago Maggiore beherbergte schon gekrönte Häupter, Staatsmänner, Stars und solche, die es werden wollen.

Rechts:
Das Hotel Regina Palace befindet sich ebenfalls an der Uferpromenade von Stresa. Der Kurort am westlichen Ufer des Lago Maggiore liegt an der Simplon-Eisenbahnstrecke nach Mailand.

Links:
Stresa ist ein beliebter Kurort am Lago Maggiore. Aus dem Ort stammen die Gebrüder Bolongaro, die 1735 nach Frankfurt am Main übersiedelten und sich in Höchst bei Frankfurt einen barocken Palast errichten ließen, den größten deutschen Privatbau des 18. Jahrhunderts.

Unten:
Die Eleganz der Uferpromenade von Stresa lässt sich nicht zuletzt an den huttragenden Flaneuren ablesen. Zur Gemeinde gehören alle Borromäischen Inseln.

Links:
Auf dem Mittwochsmarkt von Luino am Lago Maggiore, einem der größten seiner Art in Oberitalien, werden auch Lederwaren wie Handtaschen und ähnliches feilgeboten.

Links Mitte:
Als „Grappa" ist das alkoholhaltige Getränk, hier auf dem Markt von Luino, bei uns mittlerweile bekannter als unter seinem deutschen Begriff: Tresterbrand.

Links unten:
Italienische Schuhe in allen Farben und Formen, wie hier auf dem Markt von Luino – da schlagen vor allem Frauenherzen höher …

Unten:
Bei einer Fahrt mit dem Schiff von Cannobio nach Luino, der größten Stadt am Ostufer des Lago Maggiore, zeigt sich die malerische Hanglage am schönsten.

Rechts:
Auf dem Markt von Luino kann man im Duft getrockneter Aprikosen und verschiedener Sorten von Kapern und Oliven regelrecht schwelgen.

Rechts Mitte:
Parmigiano Reggiano, Parmesankäse – hier auf dem Markt von Luino –, wurde bereits von Giovanni Boccaccio in seinem berühmten Decamerone beschrieben.

Rechts unten:
Dass die Oberitalienischen Seen auch Anteil an der Genießerregion Piemont haben, merkt man nicht erst, wenn man auf dem Markt von Luino Salami entdeckt ...

Oben:
Varese ist Hauptstadt der gleichnamigen Provinz und Namensgeber des westlich der Stadt gelegenen Sees Lago di Varese in der Lombardei, nördlich von Mailand. Die Altstadt ist zum großen Teil Fußgängerzone.

Rechts:
Neben einer romanischen Taufkirche aus dem 13. Jahrhundert zählt vor allem die um 1600 gebaute Basilika San Vittore zu den sakralen Sehenswürdigkeiten von Varese.

Oben:
In Varese ist auch die Piazza del Podestà, der Platz des Bürgermeisters, Teil der Fußgängerzone. Der frühere Palazzo d'Este aus dem 18. Jahrhundert dient heute als Rathaus der gut 80 000 Einwohner zählenden Stadt.

Links:
Da läuft einem doch das Wasser im Munde zusammen ... Dolce, Süßes, so weit das Auge reicht, in der Konditorei Ghezzi in der Altstadt von Varese.

Unten:
Der Ortasee gehört zur Gänze zum italienischen Piemont. Der auf einer Landzunge gelegenen Gemeinde Orta San Giulio ist die Insel San Giulio vorgelagert, deren Silhouette vom mächtigen Bischofspalast und von der Basilika di San Giulio beherrscht wird.

Rechts oben:
Abendstimmung auf der Piazza Mario Motta, dem Hauptplatz von Orta San Giulio: Die meisten Bürgerhäuser der malerischen Altstadt stammen aus der Zeit der Renaissance und des Barock.

Rechts Mitte:
Der Sacro Monte d'Orta ist wie die anderen Heiligen Berge an den Oberitalienischen Seen Teil des UNESCO-Weltkulturerbes. Er ist allerdings dem heiligen Franziskus und nicht wie die anderen dem Leben Christi oder Mariä gewidmet.

Rechts unten:
An der Piazza Mario Motta von Orta San Giulio liegt nicht nur das Rathaus, hier beginnt auch die „Salita della Motta", eine Treppengasse, die zur Kirche Santa Maria Assunta führt.

Cucina

Oben:
Palmen und blaues Wasser im Sonnenlicht – Mittelmeer pur? Nein, wir befinden uns hier in der Schweiz, im sonnigen Tessin, am Luganer See bei Castagnola …

Rechts:
In unmittelbarer Nähe zum Stadtzentrum und direkt am See gelegen, bietet der Parco Civico, der Stadtpark, Erholung für Einwohner wie Besucher von Lugano. Er zählt zu den schönsten Parks der Schweiz, nicht zuletzt dank seiner mediterranen Vegetation.

Seite 56/57:
Das pittoreske Dorf Gandria liegt am Luganer See im Schweizer Tessin. Heute zu Lugano eingemeindet, hat der Ort nur etwa 200 Einwohner, aber immerhin neun Gaststätten.

Links:
Der Parco Civico von Lugano hat die stattliche Größe von über 60 000 Quadratmetern. Die Villa Ciani, die heute Sitz des Museums der Stadt ist, gab ihm seinen zweiten Namen: Parco Ciani.

Unten:
Lugano ist heute, nach Zürich und Genf, einer der wichtigsten Finanzplätze der Schweiz – und der sonnigste ganz sicher. Von der Uferpromenade hat man einen herrlichen Blick auf den Monte Brè, einen der drei Aussichtsberge rings um die Stadt.

Oben:
Abendstimmung auf der Piazza della Riforma: Der Platz gilt als einer der schönsten von Lugano. In der Stadt ist 1973 der international bekannte Boogie Woogie-, Blues- und Jazz-Pianist Silvan Zingg geboren.

Rechts:
Das Grand Café Al Porto in der Via Pessina gilt inmitten der Altstadt als „gute Stube“ von Lugano. Gaumenfreuden der saisonalen und italienisch geprägten Küche werden in historischem Ambiente kredenzt.

Oben:
In Lugano ist die Via Nassa eine wichtige Geschäftsstraße und eine elegante Flaniermeile gleichermaßen. Unmittelbar vor den Toren der Stadt, in Sorengo, wurde 1977 Michelle Hunziker geboren.

Links:
See, Berge und repräsentative Bauten prägen das Stadtbild von Lugano. Die Eleganz der Uferpromenade lädt zum Flanieren und Verweilen ein.

Unten:
Gandria scheint förmlich am Hang des Monte Brè zu „kleben“. Nicht zuletzt aufgrund seiner Lage gilt das ehemalige Fischerdorf als einer der malerischsten Orte im Schweizer Teil der Oberitalienischen Seen.

Rechts oben:
Die typischen Arkadengänge alter Palazzi prägen das Dorfbild von Bissone. Der Ort liegt am Luganer See gegenüber von Melide und ist mit diesem durch den gleichnamigen Damm verbunden.

Rechts Mitte:
Eine barocke Stuckdecke im offenen Laubengang – „fürstlicher“ kann man draußen und doch überdacht kaum tafeln. Der Ort Morcote liegt an der südlichen Ceresio-Landzunge des Luganer Sees.

Rechts unten:
Heimelig, urig – im Dorfkern von Bissone findet man viele verträumte Winkel. Vom ausgehenden Mittelalter bis zur frühen Neuzeit wurden hier einige Bildhauer, Architekten und Maler geboren wie zum Beispiel Carlo Antonio Bussi, der unter anderem den Passauer Dom künstlerisch gestaltete.

Oben:
Die Villa Favorita im Luganer Ortsteil Castagnola wechselte schon mehrfach den Besitzer. In der zweiten Hälfte des 20. Jahrhunderts war sie mit der Kunstsammlung von Heinrich Thyssen der Öffentlichkeit zugänglich.

Rechts:
Bei einer Schifffahrt auf dem Schweizer Teil des Luganer Sees kann man einige hochherrschaftliche Villen entdecken wie diese bei Figino. Die Grenze zu Italien ist dabei selten weit, denn sie verläuft zum Teil mitten im See.

Oben:
Beide Häuser, in denen Hermann Hesse in Montagnola nacheinander lebte, die Casa Camuzzi (1919–1931) und die Casa Rossa (1931–1962), sind heute in Privatbesitz. 1997 wurde im Torre Camuzzi, der zur erstgenannten Anlage gehört, ein Hesse-Museum eingerichtet.

Ganz links:
Hermann Hesse verbrachte fast auf den Tag genau die zweite Hälfte seines Lebens im Tessiner Bergdorf Montagnola: hier ein Blick auf den Torre Camuzzi.

Links:
Die Casa Camuzzi wurde 1853 in einem Rokoko und Neugotik ähnelndem Stil von Tessiner Architekten vollendet, die auch an der Petersburger Eremitage arbeiteten.

Berühmte Persönlichkeiten – Literaten und andere (Lebens-)Künstler

Zu den Oberitalienischen Seen zog und zieht es nicht nur Literaten und andere Künstler, hier wurde auch manche Geistesgröße geboren. In Novum Comum, dem heutigen Como, kam um 23 n. Chr. der römische Gelehrte Plinius der Ältere zur Welt. Von ihm stammen heute noch bekannte Begriffe und Redewendungen wie „In vino veritas", „Schuster, bleib bei Deinem Leisten" oder auch das Wort „Eselsbrücke". Er adoptierte seinen um 61 n. Chr. ebenfalls in Como geborenen Neffen, Plinius den Jüngeren. Dieser römische Senator und Schriftsteller beschrieb in einem seiner vielen erhaltenen Briefe unter anderem den Ausbruch des Vesuvs, bei dem sein Onkel und Mentor ums Leben kam.
Auch Alessandro Volta (1745–1827), der Erfinder der Batterie, stammt aus Como. Der Nachname einer berühmten Frau änderte sich mehrfach. Geboren wurde sie 1837 in Bellagio am Comer See als nichteheliche Tochter von Franz Liszt. In zweiter Ehe heiratete Cosima den Komponisten Richard Wagner. Sie wurde nach dessen Tod die Leiterin der Bayreuther Festspiele und starb 1930 auch dort. Mario Botta gilt als einer der wichtigsten zeitgenössischen Architekten, der nicht nur in aller Welt, sondern auch in seiner Heimat Spuren hinterlässt. So stammt unter anderem die Banca del Gottardo in Lugano, einem der wichtigsten Finanzplätze der Schweiz, von ihm.
Speziell mit dem Gardasee verbunden ist der 70 v. Chr. bei Mantua geborene Vergil, der den „Benacus" lobpreisend mit den Worten besang: „... wie ein Meer braust er auf, mit tosenden Fluten". Auf einer Halbinsel im Gardasee, in Sirmione, sind die „Grotten des Catull" ein Besuchermagnet. Es ist zwar nicht sicher, ob dieser römische Dichter wirklich hier war, aber das tut dem Verkauf der Eintrittskarten keinen Abbruch.

Kampf der Giganten

Goethe war hier, das ist bekannt. Dario Fo, 1926 geboren, erhielt 1997 den Nobelpreis für Literatur „für sein volkstümlich-politisches Agitationstheater". Er revitalisierte Methoden der Commedia dell'arte. Dario Fo beschreibt in „Meine ersten sieben Jahre und ein paar dazu" amüsant bis skurril seine Jugendzeit am Lago Maggiore. Auf die These „Dario Fo gegen Silvio Berlusconi – der Kampf der Giganten" entgegnete er: „Ich würde es nüchtern ausdrücken: Wettstreit zweier Berufskomiker".

Ebenfalls „komisch" ist Dimitri, eigentlich Dimitri Jakob Müller, geboren 1935 in Ascona. Er lebt im Centovalli und begründete eine Clownschule in Verscio. Hier wird Pantomime, Clownerie, Akrobatik und Jonglage gepaukt. Zusammen mit Harald Szeemann begründete er das „Museo Comico", ebenfalls in Verscio.
Hollywoodstars und Sternchen, extrovertierte Lebenskünstler von Gabriele d'Annunzio bis André Heller oder Neureiche wie die verwitwete Ketchup-Königin (Teresa Heinz) und Fast-US-Präsidentengattin siedelten immer schon oder siedeln immer noch direkt an den Seen, während andere Künstler eher in den einfachen und ehemals ärmlichen Grotti im Tessin einen Rückzugsort zu kreativem Schaffen suchen und finden.
Hermann Hesse, Alfred Andersch und Max Frisch blieben länger hier, während sich der bayerische Komponist Carl Orff (1895–1982) nur kurzzeitig, aber umso nachhaltiger inspirieren ließ. Linderung von seinen Leiden suchte hier der Mathematiker Bernhard Riemann und zum Ort des Exils sollte Ascona für die russische Malerin Marianne von Werefkin (1860–1938) werden, die nie Schweizer Staatsbürgerin wurde, sondern ab 1922 mit einem Nansen-Pass ausgestattet war.
Hannes Wettstein (1958–2008) aus Ascona war der Designer des Beleuchtungssystems „Metro", der ersten auf Drahtseilen gespannten Niedervoltleuchte. Er schuf Möbelkreationen für die bekannten italienischen Firmen Baleri, Cassina oder Molteni und wurde unter anderem für die Set-Gestaltung der „Tagesschau" ausgezeichnet. Von André Gide (1869–1951), der 1947 den Literaturnobelpreis erhielt, ist überliefert, wie er sich 1948 am Gardasee erholte. Er legte sich nach dem Mittagessen angezogen auf sein Bett und hielt einen Schlüssel in der linken Hand. Wenn der Schlüssel herunter fiel, stand er wieder auf – Entspannung pur, und das mit einfachsten Mitteln!

Links:
Dario Fo (geboren 1926, rechts im Bild) bezeichnete einmal sein Verhältnis zu Silvio Berlusconi als „Wettstreit zweier Berufskomiker".

Oben:
Im schweizerischen Montagnola erinnert ein Museum an den deutschen Dichter und Schriftsteller Hermann Hesse, der sich hierher zurückgezogen hatte.

Rechts oben:
Der Physiker Alessandro Volta (1745–1827) aus Como ist der Erfinder der Batterie und Namensgeber für elektrische Spannung, gemessen in Volt.

Rechts Mitte:
In die Welt des italienischen Schriftstellers Gabriele d'Annunzio (1863–1938) kann man im Museumskomplex „Vittoriale" in Gardone Riviera am Gardasee eintauchen – eine einzigartige Mischung aus Kunst und Kitsch.

Rechts:
Auch André Gide, der französische Schriftsteller und Literaturnobelpreisträger schwärmte schon von seinem Aufenthalt am Gardasee.

*

Rechts:
Ein kleines Häuschen mit eigenem Bootsanleger am See – Caslano auf einer Landzunge im Luganer See hat nicht nur einen schönen alten Dorfkern aufzuweisen, sondern auch solch‘ traumhafte Wohnlagen.

Unten:
Im hoch gelegenen Friedhof von Morcote am Luganer See zeugen prachtvolle Mausoleen von Reichtum und Bedeutung der hier Bestatteten. So ruhen hier unter anderem Alexander Moissi (1879–1935), bestbezahlter Bühnen-Schauspieler seiner Zeit, oder Georg Kaiser (1878–1945), der erfolgreichste Dramatiker der expressionistischen Generation.*

Links:
Bei einer Schifffahrt auf dem Luganer See hat man einen herrlichen Blick auf die exponierte Lage des Friedhofs und der Kirche von Morcote.

Unten:
Bekannt ist Morcote nicht zuletzt aufgrund des „Parco Scherrer". Die Mischung aus exotischen Bauwerken und ebensolcher Flora ist weithin einzigartig.

Links:
Das Dorf Astano liegt zwischen dem Luganer See und dem Lago Maggiore. Hier wurde um 1670 Domenico Trezzini geboren, der bei der Gründung Petersburgs als Hofarchitekt des Zaren Peter des Großen zu Ruhm und Ehren kam.

Links Mitte:
Am östlichsten Punkt des Luganer Sees, in der italienischen Lombardei, liegt Porlezza. Der Ort ist ideal als Ausgangspunkt, um sowohl den Luganer als auch den Comer See zu besuchen, denn nach Menaggio sind es nur gut zehn Kilometer Entfernung.

Links unten:
Sessa liegt in der Tessiner Region Malcantone zwischen Luganer See und Lago Maggiore. In dem Dorf mit gut 500 Einwohnern wurden im 19. Jahrhundert Goldvorkommen abgebaut.

Unten:
Am südlichen Ende des Luganer Sees, gegenüber von Morcote, liegt in der Lombardei Porto Ceresio. Die Höhe des Gemeindegebiets reicht von gut 200 bis knapp 1000 Meter über dem Meeresspiegel.

Oben:
Cima bei Porlezza am nördlichen Ufer des Luganer Sees ist ein touristisch wenig erschlossener Ort. Das Kirchenpatronat des malerischen Dorfes ist Mariä Reinigung am 2. Februar, wie Mariä Lichtmess früher auch genannt wurde.

Rechts:
Ponte Tresa ist ein zwischen Italien und der Schweiz zweigeteilter Ort im äußersten Westen des Luganer Sees. Die Grenze zwischen den beiden Ortsteilen bildet der Fluss Tresa, der hier aus dem Luganer See abfließt.

Seite: 74/75:
Auch der an den Hang geschmiegte Ort Albogasio gehört zur Gemeinde Valsolda. Durch die Position am Nordufer des Luganer Sees liegt er sozusagen auf der „Sonnenseite“ des Lebens …

Links:
Porlezza ist eine Gemeinde mit 4500 Einwohnern in der Provinz Como am Luganer See. Cima (siehe gegenüberliegende Seite oben) ist ein Ortsteil davon.

Unten:
Cressogno am nördlichen Ufer des Luganer Sees gehört zur Gemeinde Valsolda. Hier gibt es viele Ferienhäuser in unmittelbarer Nähe zur Schweizer Grenze.

GHISALLO

mafalda

Rechts:
Im mittleren Bereich des Comer Sees ist Menaggio der Ort mit der besten touristischen Infrastruktur. Entsprechend gut besucht ist die Seepromenade.

Seite 76/77:
Kleine Segelboote konkurrieren um die Gunst des Betrachters mit der Fähre „Ghisallo". In Varenna am Comer See, gegenüber von Menaggio, herrscht Betrieb jenseits aller Hektik.

Oben:
An der Stelle, an der sich der Comer See in seine drei Arme teilt, verbindet eine Fähre die Orte Varenna, Bellagio und Menaggio miteinander. Letzterer ist der Ort am See, der die großzügigsten Hotelanlagen an der Seepromenade aufweisen kann.

Links:
In Menaggio liegt zwischen dem See und der Kirche Santo Stefano die Piazza Garibaldi. Am Samstagabend ist der Platz Treffpunkt für Einheimische und Gäste.

Rechts:

Wenn man eine Villa direkt am Comer See bewohnt wie hier zwischen Cernobbio und Moltrasio, dann gehört ein eigener Bootsanleger mit Segelboot vor der Tür zum guten Ton.

Unten:

Argegno ist ein kleiner Ort am Westufer des Comer Sees, ziemlich genau in der Mitte zwischen Como und Menaggio. Er liegt an der Mündung des Flusses Telo in den See, der den historischen Ortskern durchtrennt.

Oben:
Vom ehemaligen Franziskanerkloster auf der Halbinsel Punta am Comer See stehen noch die beiden Kirchtürme. 1787 ließ sich Kardinal Angelo Durini hier eine Villa errichten, die heutige Villa del Balbianello, die schon mehrfach als Filmkulisse diente.

Links:
In Laglio am Westufer des Comer Sees befindet sich die Villa Oleandra, die von George Clooney erworben wurde. Prominente Kollegen aus dem Showbusiness, der Mode- und der Medienbranche folgten seinem Beispiel.

Hochherrschaftliche Villen und exotische Parks

Nach den römischen Villen wie den „Grotten des Catull“ in Sirmione am Gardasee gab es mit der Errichtung von Renaissance-Villen, wie der Name schon sagt, eine Wiedergeburt der Antike. So wurde die „Villa d'Este“ in Cernobbio am Comer See im 16. Jahrhundert erbaut und im 19. Jahrhundert in ein Luxushotel umgewandelt, das heute zu den nobelsten Herbergen der Welt zählt. Der Park mit 500 Brunnen, Wasserspielen und Grotten gilt als ein Meisterwerk der italienischen Renaissance-Gartenbaukunst. In Maderno hatte die Familie Gonzaga aus Mantua ihren Sommersitz. Die heute noch erhaltene Villa Bulgheroni gilt als ehemaliges Gästehaus der Familie.

Die Villa Carlotta in Tremezzo am Comer See wurde ab 1690 für einen Mailänder Bankier errichtet und war Mitte des 19. Jahrhunderts ein Geschenk anlässlich der Hochzeit Prinzessin Charlottes von Preußen mit Georg II. von Sachsen-Meiningen – die Villa erhielt nach dieser Charlotte ihren jetzigen Namen. Heute beherbergt sie eine Kunstsammlung, unter anderem mit Werken von Antonio Canova und Bertel Thorvaldsen. Der weitläufige Park besteht aus einem wunderbaren Garten mit Orangen- und Kamelienbäumchen, einem Rhododendron- und Azaleengarten sowie einem Bambusgarten mit 25 verschiedenen Arten auf 3000 Quadratmetern.

Ebenfalls am Comer See, in Bellagio, liegt die klassizistische Villa Melzi. Sie wurde 1808 bis 1810 im Auftrag von Francesco Melzi d'Eril, dem Vizepräsidenten der von Napoleon gegründeten Italienischen Republik, errichtet. Der kleine maurische Tempel, Ort von Franz Liszts Liaison mit der Gräfin Maria d'Agoult, ist sozusagen der „Geburtsort“ von Cosima Wagner und steht noch immer, von mächtigen Zedern umrahmt, im Park. Als Kulisse eines Star-Wars- und eines James-Bond-Films wurde die Villa del Balbianello in Lenno am Comer See bekannt. Die Innenaufnahmen des Films „Ein Sommer am See“ mit Vanessa Redgrave wurden fast komplett in dieser Villa gedreht.

Landhäuser der Reichen und Schönen

Der Hollywoodstar George Clooney, mehrfach ausgezeichnet, nicht zuletzt vom „People Magazine“ als „Sexiest Man Alive“, erwarb für angeblich acht Millionen Dollar die Villa Oleandra in Laglio. Sein Kollege Tom Cruise zog dorthin nach und genießt in Drehpausen seine Villa Regina. Die Designerin Donatella Versace organisiert glanzvolle Modeevents in der Villa Fontanelle in Moltrasio zur Erinnerung an ihren ermordeten Bruder Gianni. Umgeben von einem 200 000 Quadratmeter großen Grundstück ist die Villa Serbelloni in Bellagio, heute Sitz der Rockefeller-Stiftung. Geistes- und Naturwissenschaftler, Künstler, Schriftsteller, Musiker und Politiker können sich bei der Stiftung um einen Aufenthalt von zwei bis sechs Wochen bewerben. John D. Rockefeller Sr. (1839–1937) gilt als reichster Mensch aller Zeiten und spendete viel von seinem Vermögen, nicht zuletzt auf Betreiben seines gleichnamigen Sohnes, für wohltätige Zwecke.

Die Villa Vigoni in Menaggio ist ein Deutsch-Italienisches Zentrum für europäische Exzellenz. Hier werden unter anderem wissenschaftliche Seminare sowie politische und journalistische Gespräche angeboten, die sich mit der europäischen Identität, ihrer Geschichte und Zukunft auseinandersetzen. Ganz anders die Villa La Collina in Cadenabbia am Comer See, einst Sommerreiseziel des ersten deutschen Bundeskanzlers und heute Sitz der Adenauerstiftung. Hier findet seit 1995 die Autorenwerkstatt statt, bei der unbekannte Autoren wie auch bekannte Schriftsteller, unter ihnen Daniel Kehlmann, unveröffentlichte Texte lesen und miteinander darüber diskutieren.

Seit langem berühmt sind die Borromäischen Inseln im italienischen Teil des Lago Maggiore, speziell die Isola Bella. Nicht nur berühmt, sondern auch berüchtigt ist das „Vittoriale“ des Gabriele d'Annunzio in Gardone Riviera am Gardasee. Hier gilt es, ein Sammelsurium an Kunst und Kitsch zu bestaunen, das seinesgleichen sucht. Denn wer sonst hat schon ein veritables Kriegsschiff im Vorgarten vor Anker liegen? Geradezu Erholung pur bieten dagegen der „Giardino Botanico Hruska“ von André Heller am gleichen Ort oder der „Parco Scherrer“ in Morcote am Luganer See. Herrmann Arthur Scherrer (1881–1956) sammelte auf seinen Reisen die verrücktesten Kunstgegenstände, die nun in seinem herrschaftlichen, subtropisch überwucherten Park versammelt sind.

Oben:
Traumhafte Lage für einen Landsitz: Diese Villa in Dongo am Westufer des nördlichen Comer Sees liegt direkt am Wasser.

Links:
Kosmopolitischer Kaufmannssohn, in Sankt Gallen geboren, in München zu Ansehen gelangt: Arthur Scherrer (1881–1956) wollte, dass der nach ihm benannte Park in Morcote am Luganer See der Öffentlichkeit zugänglich ist.

Kleine Bilder rechts, von oben nach unten: *Arthur Scherrer sammelte auf seinen Reisen ausgefallene Kunstgegenstände, die nun in seinem subtropisch überwucherten Park im Tessiner Ort Morcote versammelt sind.*

Auch in Tremezzo gegenüber von Bellagio am Comer See, dem Stammsitz einiger Linien der Familie Brentano, gibt es herrschaftliche Anwesen zu bewundern.

Die Villa Carlotta in Tremezzo war Mitte des 19. Jahrhunderts ein Geschenk für die Hochzeit von Prinzessin Charlotte von Preußen mit Georg II. von Sachsen-Meiningen und wurde nach der Braut benannt.

Bekannt wurde die Villa del Balbianello mit herrlichem Park in Lenno am Comer See als Kulisse eines Star-Wars- und eines James-Bond-Films sowie des Films „Ein Sommer am See“.

Oben:
Die Innenaufnahmen der US-amerikanisch-britischen Filmkomödie „Ein Sommer am See“ aus dem Jahre 1995 wurden fast komplett in der Villa del Balbianello am Comer See gedreht. Die Hauptdarstellerin, Vanessa Redgrave, wurde 1996 für den Golden Globe Award nominiert.

Rechts:
Die Villa del Balbianello ist eine ehemalige Kardinalsvilla mit herrlichem Terrassengarten am Westufer des Comer Sees. Sie diente mehreren Filmen als Kulisse.

Oben:
Die Isola Comacina ist die einzige Insel im Comer See und gehört zur Gemeinde Ossuccio. Das Restaurant der Insel zählte zu seinen Gästen schon so illustre Namen wie Konrad Adenauer, Sylvester Stallone oder Kirk Douglas.

Links:
Idyllische Morgenstimmung bei Lenno am Comer See. Der Ort, dessen Hauptsehenswürdigkeit die Villa del Balbianello ist, liegt zwischen Ossuccio und Mezzegra.

Oben:
In dieser „Hafenbar“ von Bellagio am Comer See kann man sich aussuchen, ob man lieber unter einem begrünten Dach oder ganz im Freien sitzen möchte. Ein Wetterhahn zeigt die Windrichtung an.

Rechts:
Diese gediegene Bar mit ihrer wunderschönen historischen Einrichtung befindet sich in Bellagio. Am Tresen trifft man sich auf einen „caffè“.

Links:
Gewitterstimmung in Bellagio. Das Hotel Florence, direkt am Comer See gelegen, befindet sich seit über hundert Jahren im Besitz derselben Familie.

Unten:
In Bellagio führt die Treppenstraße „Salita Serbelloni“ Einheimische und Gäste durch die Altstadt. Bars und Trattorien laden zur Einkehr ein.

Links:
Die Abbazia di Piona, ein Zisterzienserkloster, befindet sich in Colico am nördlichen Comer See. Von der Kirche führt ein Weg zum Seeufer.

Links unten:
In den Gärten der Villa Melzi in Bellagio kann man auch einen eindrucksvollen Bambushain bestaunen.

Unten:
Dieser Pavillon in den Gärten der Villa Melzi besticht nicht zuletzt durch seine exponierte Lage direkt am Comer See.

Rechts:
Zahlreiche Kamine wachsen aus dem Dach der Villa Melzi empor. Der klassizistische Bau wurde in den Jahren 1808 bis 1810 von Giocondo Albertolli errichtet.

Rechts Mitte:
Dieser Pavillon gehört zum Park einer Villa zwischen Cernobbio und Moltrasio am südwestlichen Arm des Comer Sees.

Rechts unten:
In Argegno am südwestlichen Arm des Comer Sees findet man dieses hochherrschaftliche Anwesen.

bar

Linke Seite:
An der Piazza Duomo von Como befindet sich der Dom Santa Maria Maggiore, die bedeutendste Sehenswürdigkeit der Stadt. Obwohl die Fassade aus der zweiten Hälfte des 15. Jahrhunderts stammt, also aus der Zeit der Renaissance, trägt sie aufgrund des deutschen Einflusses in Como in jener Zeit noch gotische Züge.

Anders als der Dom ist die Kirche San Fedele am gleichnamigen Platz von Como etwas zurückgesetzt und an beiden Seiten direkt von Wohnhäusern begrenzt. Sie besitzt einen Drei-Konchen-Chor, der Bezüge zu St. Maria im Kapitol von Köln aufweist.

Im Inneren des Comer Domes reichen sich Gotik und Renaissance die Hand. Das Ende des „dunklen Mittelalters" wird am Dom nicht nur durch den Übergang der Baustile deutlich, sondern auch dadurch, dass am Hauptportal dieser Stadtkirche zwei heidnische Schriftsteller verewigt sind: Plinius der Ältere und Plinius der Jüngere, die beide in der Stadt geboren sind.

Der botanische Garten der Villa Monastero in Varenna, einem pittoresken Dorf am Ostufer des Comer Sees, ist bekannt für seine üppige Vegetation. In der Villa finden jährlich die Enrico-Fermi-Sommerschulen der Italienischen Gesellschaft für Physik statt.

Colico ist die wichtigste Stadt am Nordufer des Comer Sees. In der Abbazia di Piona, einer Zisterzienseranlage aus dem 12. Jahrhundert, zählt der Kreuzgang zu den Hauptsehenswürdigkeiten.

Rechte Seite:
Vom Castello di Vezio bietet sich bei malerischer Abendstimmung dieser wunderschöne Blick auf Varenna. Beherrscht wird das Bild des Dorfes vom hohen Glockenturm der Kirche San Giorgio aus dem Jahr 1313.

Unten:
Der südöstliche Seitenarm des Comer Sees wird auch „Lago di Lecco" genannt, nach der ganz im Südosten gelegenen Stadt Lecco. Am Strand kann man die Sommerfreuden genießen.

Rechts oben:
In Mandello del Lario am Ostufer des Lago di Lecco können „Seefahrer“ ganz standesgemäß auf das nächste Schiff warten. In der Stadt befindet sich der Hauptsitz des legendären Motorradherstellers Moto Guzzi.

Rechts Mitte:
Die Kleinstadt Mandello del Lario konnte ihren historischen Charakter bewahren. Auch Sonnenanbeter fühlen sich hier wohl.

Rechts unten:
Mandello del Lario muss sich heute nicht mehr mit Kanonen schützen. Stattdessen schätzen Freizeitkapitäne die idyllische Lage am Lago di Lecco.

Oben:
Lecco, eine Stadt mit knapp 50 000 Einwohnern, liegt am südöstlichen Ende des Comer Sees und ist die Hauptstadt der gleichnamigen Provinz in der Lombardei. Die Hafenpromenade mutet nicht nur im Abendlicht malerisch an.

Rechts:
Fensterläden schützen vor der sommerlichen Hitze, obwohl dies in Mandello del Lario nicht so notwendig ist wie in anderen Gebieten Italiens. Denn der Ort wird von drei Luftströmen abgekühlt, aus dem Norden, Süden und Osten kommend: Breva, Tivello und Montivo.

Oben:
Der Monte Barro prägt das Ortsbild von Lecco am Comer See. In der letzten Eiszeit war er ein Inselberg im Gletscherstrom, der von Bernina und Ortler kam und fast bis Monza reichte.

Links:
Einheimische und Gäste flanieren an der Hafenpromenade von Lecco. Die ehemalige deutsche Bezeichnung „Leck“ ist für den Ort heute nicht mehr gebräuchlich.

Unten:
Der Lago di Montorfano ist einer der kleinsten der Oberitalienischen Seen. Zusammen mit dem namensgebenden Ort liegt er südöstlich von Como.

Rechts oben:
In der Brianza, einer hügeligen Tiefebene zwischen Como und Lecco, liegt der Lago di Pusiano. Hier genießen Angler die Ruhe – und haben hoffentlich einen guten Fang.

Rechts Mitte:
Nordöstlich von Erba, an der Straße nach Bellagio, befindet sich der Badesee Lago del Segrino. Hier hoffen auch Angler auf ihr Glück.

Rechts unten:
Von Lecco aus gesehen jenseits des Parco del Monte Barro liegt der Lago di Annone, der größte der Brianza-Seen. Nördlich des zweigeteilt wirkenden Sees liegt Civate.

OLGINATE
CALOLZIOCORTE

Linke Seite:
Südlich von Lecco schmiegt sich der Lago di Garlate an den Parco del Monte Barro. Von Olginate bietet sich ein schöner Blick auf das Ostufer des Sees.

Nordöstlich des Comer Sees und mit diesem durch eine Wasserstraße verbunden liegt der Lago di Mezzola. Idyllisch mutet die Morgenstimmung bei Verceia an.

Seerosen mit gelben Blüten zieren den Lago di Piano. Der kleine See liegt zwischen Menaggio am Comer See und Porlezza am Luganer See.

Im Südosten – der Gardasee und das Verona von Romeo und Julia

Auf der Monte-Baldo-Höhenstraße kommt man zum Bocca di Navene, einem grandiosen Aussichtspunkt. Von hier öffnet sich ein wunderschöner Blick auf den nördlichen Teil des Gardasees.

Der Gardasee ist nicht nur der größte See Italiens, sondern auch der mit Abstand bekannteste der östlichen oberitalienischen Seen. Wenn es hier manchmal an den Uferstraßen, den spektakulären, oft in den Fels gesprengten „Gardesana orientale“ und „Gardesana occidentale“, voll sein mag, dann weichen geübte Gardasee-Urlauber an die ruhigeren Gewässer wie den Iseosee, den Idrosee oder den Lago di Valvestino aus. Sie haben alle einen eiszeitlichen Ursprung, im Gegensatz zu den Seen um Mantua, deren Gewässer eine Aufstauung des Flusses Mincio, des einzigen Abflusses vom Gardasee, bedeuten.

Im Einzugsgebiet des Gardasees liegen Trient im Nordosten, Brescia im Südwesten und Verona im Südosten. Während letztere Stadt als die der Liebe und die der Opernfestspiele weithin bekannt ist, führen Trient und Brescia eher ein touristisches „Schattendasein“. Das ist schade, denn beide überzeugen jeweils mit einem geschlossenen Stadtbild, das zum Bummeln einlädt. Einen ähnlichen Dornröschenschlaf erleben Mantua im Süden und Bergamo, das ziemlich genau zwischen den westlichen und den östlichen Oberitalienischen Seen an den Ausläufern der Alpen liegt.

Zu den bekanntesten Orten am Gardasee zählen Sirmione mit seinen „Grotten des Catull“, Gardone Riviera mit dem „Vittoriale“, Bardolino mit seinem bekannten Rotwein und Torbole als Surferparadies. In Limone gibt es immer noch Limonaien, Zitronengewächshäuser, doch der Name des Ortes stammt von „Limes“, da hier schon in der Römerzeit eine Grenze verlief. Die herrlichsten Ausblicke auf den Gardasee bieten sich vom Massiv des Monte Baldo. Bei der Wanderung hinauf oder bei der Fahrt mit der Seilbahn wechselt die mediterrane Vegetation des Seeufers mit Palmen, Wein und Oliven recht schnell zu alpiner Flora mit Enzian oder den endemischen Baldo-Anemonen.

Seite 104/105:
Das Städtchen Malcesine liegt am Fuß des Monte-Baldo-Massivs, also am Ostufer des Gardasees. Vom Lido Paina blickt man auf die Skaligerburg.

Auf der Piazza Cavour von Malcesine legen Einheimische wie Besucher gerne eine Pause ein. Ein grünes Blätterdach schützt vor Sonne und Hitze.

Von der Piazza Don Quirico Turazza findet man den Fußweg zur Skaligerburg von Malcesine ganz bestimmt. Passendes oder schickes Schuhwerk dazu kann auch vor Ort erworben werden.

Rechte Seite:
Von der Skaligerburg kann man die Dächerlandschaft von Malcesine bewundern. Eine Skaligerburg wäre Goethe fast zum „Verhängnis“ geworden – doch mit seinen eindringlichen Worten über das Malerische der Ruine gelang ihm rechtzeitig die Kehrtwende ...

Unten:
Der Name des Ortes Lazise stammt von „laceses“ und bedeutet übersetzt „Ort am See“. Im Hafen dieser Kleinstadt im Südosten des Gardasees liegen immer noch Fischerboote.

Rechts oben:
Lazise wird nicht zuletzt von (süd-)deutschen Gästen besucht, die sich abends gern an der Seepromenade einfinden. Die deutsche Partnerstadt des Ortes ist Rosenheim in Bayern.

Rechts Mitte:
Im 12. Jahrhundert wurde die Kirche San Nicolò am Hafen von Lazise errichtet und dem heiligen Nikolaus geweiht, der als Patron der Gewässer und Seefahrer galt. An der äußeren Nordwand und im Inneren befinden sich einige bemerkenswerte Fresken.

Rechts unten:
Auf der Piazza Vittorio Emanuele II befindet sich das Rathaus (links im Bild) von Lazise. Nicht nur abends ist der Platz eine „gute Stube" dieses beliebten historischen Ferienortes.

Oben:
Der bei Windsurfern beliebte Ort Torbole befindet sich im Norden des Gardasees, an der Mündung der Sarca. Er besteht aus den Ortsteilen Torbole, Nago und Tempesta.

Rechts:
Nicht nur für Sportler, auch für Erholungssuchende ist Torbole ein Urlaubsort mit zauberhafter „Kulisse“. Schließlich lädt der Strand auch bei kühlerem Wetter zum Verweilen ein.

Links:
An der ehemaligen Zollstation von Torbole kann man heute die Aussicht auf den Gardasee genießen. Früher war hier die Grenze zwischen Österreich und Italien, heute verläuft in der Nähe die „Grenze“ zwischen den Provinzen Trient und Verona.

Vom ewigen Eis zu den Palmen – der Naturraum der Oberitalienischen Seen

Kaum zu glauben, aber wahr: Wo heute an den Gestaden der Oberitalienischen Seen Palmen wachsen, war einst „ewiges" Eis. Denn die Seen sind die durch die Schürfarbeit eiszeitlicher Gletscher am Südrand der italienischen und Schweizer Alpen entstandenen Zungenbeckenseen. Auch heute noch sind manchmal nicht nur die Zwei- oder Dreitausender ringsherum, sondern auch die Palmen an den Ufern schneebedeckt – hier hält sich die weiße Pracht allerdings nur kurz und schmilzt schnell aufgrund des Wärmespeichers Wasser.

Erstaunlich: die Gardasee-Sardine ist weltweit die einzige ihrer Art, die in Süßwasser und nicht in Salz- oder Meerwasser lebt. Doch sie wurde nicht etwa hier ausgesetzt und hat sich auch nicht via Po und Mincio von der Adria eingeschmuggelt: Diese Sardine lebte hier bereits, als der Gardasee noch Teil des Meeres war. Denn bis vor etwa 70 Millionen Jahren war das ganze heutige Italien einschließlich des Gardasees vom tropischen Urmeer Tethys bedeckt, aus dem sich später das wesentlich kleinere Mittelmeer entwickelte. Bei der Auffaltung der Alpen durch die Verschiebung der afrikanischen auf die eurasische Kontinentalplatte blieben Meeresarme zurück. Etwa vor 12 000 Jahren schwappte Wasser des Mittelmeers – und mit ihm eine Schar von Fischen der Art „Alosa fallax" – in den Gardasee, dessen Wasserspiegel niedriger lag als der Meeresspiegel und der damals nur wenige und nicht wie heute gut hundert Kilometer entfernt war. Die Entsalzung des Gardaseewassers und die Umkehr der Entwässerung vom See ins Meer gingen so langsam vonstatten, dass sich die Sardinen an das Seewasser gewöhnten. Eines haben sie jedoch beibehalten – anders als andere Süßwasserfische schwärmen sie zum Laichen von einer Stelle des Sees zur anderen. Deshalb landen sie entlang der verschiedenen Uferzonen des Sees zu unterschiedlichen Jahreszeiten im Kochtopf.

Auch endemische Pflanzen kann man finden. Da der Monte Baldo, auch „Garten Europas" genannt, während der Eiszeiten über die Gletscher hinausragte, konnten sich Pflanzen erhalten, die es sonst nirgends mehr gibt, zum Beispiel die „Anemone baldensis". Eine andere nach dem Gardasee benannte Pflanze ist die dunkelrote „Iris benacensis", denn der See hieß bei den Römern „Lacus Benacus". Im Parco Alto Garda wachsen auch die raren Feuerlilien oder die Orchideenart Frauenschuh.

Von den Alpen zum Po

Zu den Oberitalienischen Seen gehören der größte und der zweitgrößte See Italiens, der Gardasee und der Lago Maggiore. Landschaftsbestimmend rings um die Seen sind nicht nur die Ausläufer der Alpen, sondern auch der längste und der zweitlängste Fluss Italiens, der Po und die Etsch. Schon die Römer nutzten die schwefelhaltigen Quellen von Sirmione, die über 60 Grad heiß dem Boden des Gardasees entspringen. Ein anderes Extrem ist der Fiumelatte, ein Fluss am Comer See, der mit 250 Metern als einer der kürzesten Italiens gilt. Oder gar der Aril am Gardasee – mit 175 Metern soll er der kürzeste Fluss der Welt sein.

Die Poebene zwischen den Alpen und den Seen im Norden und dem Apennin im Süden ist, wenn nicht die Kornkammer, dann zumindest die Reisschale Italiens, und entstand durch Sedimentation der Alpenflüsse seit dem Tertiär in die davor liegende geologische Senke, die abwechselnd Festland beziehungsweise ein Flachmeer war. Sie hat im Gegensatz zu den Seen kein mediterranes, sondern eher ein mitteleuropäisches bis kontinentales Klima; zwar auch heiße Sommer, aber recht kühle Winter. Deshalb könnte man sagen, dass die Oberitalienischen Seen 200 Kilometer nördlicher liegen als ihr Klima.

In Salò am Gardasee ist Gaspara da Salò (um 1542–1609) geboren, einer der ersten Geigenbauer, der die Form der Violine an der Gestalt des Gardasees ausgerichtet haben soll. Die Landschaft um Torbole am Nordende des Gardasees hat Goethe zu seiner „Iphigenie" inspiriert. Plinius der Ältere aus Como gilt nicht nur als Stammvater der Reiseliteratur, mit ihm begann auch die Entdeckung der Geschichte der Natur. Zu den Sagen und Märchen gehört es hingegen, dass der Flussgott Sarca die Nymphe Garda geheiratet und mit ihr den Sohn Mincius bekommen habe, der wiederum mit der Nymphe Maja in Mantua den ruhmreichen Dichter Vergil gezeugt habe …

Links:
Vom Tessiner Ort Brissago nahe der italienischen Grenze öffnet sich der Blick auf die gleichnamige Insel im Lago Maggiore mit ihrem botanischen Garten.

Oben:
Das Gebiet des Monte Baldo im Nordosten des Gardasees ist ein Wander- und Blumenparadies, in dem atemberaubende Landschaftsbilder zum Sehen und Staunen einladen.

Kleine Bilder rechts, von oben nach unten: Zitronen am Südrand der Alpen, am Gardasee, beweisen: die Oberitalienischen Seen liegen 200 Kilometer nördlicher als ihr Klima …

Im Stadtpark der lombardischen Stadt Varese östlich des gleichnamigen Sees gedeihen auf Grund des milden Klimas auch prächtige Libanonzedern.

Im Gebiet des Monte Baldo gedeihen nicht nur endemische, das heißt nur hier vorkommende Blumen wie die Anemone baldensis oder die Iris benacensis, hier findet man auch seltene Feuerlilien oder den Frauenschuh.

Auf der größten der drei Borromäischen Inseln im Lago Maggiore, der Isola Madre, fühlen sich auch Amphibien pudelwohl …

Oben:
Als kleine Landzunge ragt die Punta San Vigilio zwischen Garda und Torri del Benaco, am Fuße des Monte Baldo, in den See hinein. Sie besteht aus der Villa Brenzone, dem Hotel Locanda San Vigilio, einer Kirche aus dem 13. Jahrhundert sowie einem kleinen Hafen mit Café.

Rechts:
Castelletto ist eine Ortschaft der Gemeinde Brenzone am Ostufer des Gardasees. Schon im 12. Jahrhundert entstand hier ein Kloster.

Oben:
Die Locanda di San Vigilio ist das ehemalige Gästehaus der Villa Brenzone. Heute ist in dem Gebäude ein Hotel mit Restaurant untergebracht.

Links:
1383 wurde die Skaligerburg von Torri del Benaco errichtet. An dieser Stelle der Olivenriviera konnten schon so illustre Gäste begrüßt werden wie der französische Schriftsteller und Literaturnobelpreisträger André Gide oder der spanische König Juan Carlos I.

Seite 116/117:
Von der Bocca di Navene im Monte-Baldo-Massiv hat man einen beeindruckenden Blick auf den Ort Limone sul Garda, der förmlich an den Fels geklebt erscheint. Die Küstenstraße Gardesana führt in einem Tunnel hinter dem Ort vorbei, die Altstadt ist autofrei.

Unten:
Beim Blick von einem Zitronengewächshaus wird deutlich, wie wenig Platz der Ort Limone sul Garda in Anspruch nimmt. Durch die windgeschützte Lage wird hier die Wärmespeicherung des Wassers für den Zitronenanbau besonders gut genutzt.

Rechts oben:
Mitte des 16. Jahrhunderts wurde die Kirche San Rocco in Limone sul Garda erbaut. Wenn man mit dem Schiff im Hafen ankommt, hat man einen schönen Blick auf das Ortsbild, das vom Kirchturm beherrscht wird.

Rechts Mitte:
In Limone sul Garda gedeihen immer noch Zitronen. Der Name des Ortes soll allerdings vom lateinischen Wort „Limes“ stammen, denn hier verlief einst die Grenze zur Republik Venedig.

Rechts unten:
In Limone sul Garda wurden die Zitronengewächshäuser direkt an die Felswand gebaut. Damit konnte der Fels als Wärmespeicher genutzt werden.

Oben:
Beim Blick von der beschaulichen Hafenmole der Halbinsel Punta San Vigilio sieht der Gardasee beinahe wie ein „Meer“ aus. Hier kann man im Luxushotel Locanda San Vigilio logieren.

Rechts:
Gargnano ist einer der beliebtesten Urlaubsorte an der Westküste des Gardasees. Die Riviera Bresciana weist ein beinahe mediterranes Klima auf, da die dahinter liegenden Berge ein hervorragender Wetterschutz sind.

Oben:
Auf dieser Seeterrasse der Halbinsel Punta di San Vigilio kann man es sich unter Weinranken gut gehen lassen. Nach Sirmione ragt diese Landzunge am weitesten in den Gardasee hinein.

Links:
Wie hier bei Limone sul Garda kann man den Gardasee auch per Kajak erkunden.

Oben:
Salò ist mit gut 10 000 Einwohnern die größte Stadt am Westufer des Gardasees. An der langen Uferpromenade sind Paläste wie an einer Schnur aufgereiht.

Rechts:
Im Palazzo della Podestà ist, wie der Name schon sagt, das Rathaus von Salò untergebracht. In der Nähe des Ortes wurde 1540 Gasparo da Salò geboren, ein Geigenbauer und Kontrabassist.

Oben:
Peschiera del Garda am Südostufer des Gardasees lockt mit einem historischen Ortskern und römischen Ausgrabungen. Hier verlässt der Fluss Mincio den See, der schließlich bei Mantua in den Po fließt.

Links:
In Desenzano del Garda, der größten Stadt am Gardasee, gilt vor allem der alte Hafen als „Postkartenmotiv". Hier wurde um 1470 Angela Merici geboren, die Begründerin des Ursulinenordens, die 1807 von der katholischen Kirche heiliggesprochen wurde.

Links:
Das Kastell von Padenghe sul Garda stammt aus dem 11. Jahrhundert. Der Ort liegt im äußersten Südwesten des Gardasees.

Links Mitte:
Riva del Garda im Norden des Gardasees gehörte früher zu Österreich-Ungarn und ist heute die einzige größere Stadt der Provinz Trient, die direkt am See liegt.

Links unten:
Am Westufer des Gardasees liegt Gargnano mit seinem malerischen kleinen Hafen. Der Ort wurde bereits 973 erstmals erwähnt.

Unten:
Pieve liegt zwischen Limone sul Garda und Gargnano am Westufer des Gardasees. Von dort hat man eine großartige Aussicht über den See bis zu den Gipfeln des Monte Baldo. Überragt wird der Ort von seiner hübschen barockisierten Pfarrkirche aus dem 14. Jahrhundert.

Rechts:
Salò am Westufer des Gardasees ist nicht nur ein Badeort, sondern auch eine vielbesuchte Einkaufsstadt. Ab 1440 gehörte die Stadt zur Serenissima Repubblica di San Marco, also zur Republik Venedig.

Unten:
Im Süden des Gardasees befindet sich die größte Halbinsel, Sirmione. Ein Badestand an der Nordostseite lädt zum Sonnenbad und Schwimmen ein.

Oben:
Bei Sirmione am Gardasee lassen Kalkplatten, die sich ungefähr einen halben Meter unter der Wasseroberfläche befinden, das Wasser je nach Sonneneinstrahlung in unterschiedlichen schönen Türkisfarben erstrahlen.

Links:
Manerba del Garda bietet mit seiner Landzunge „Punta Belvedere" und der ihr vorgelagerten und zu Fuß über das Riff erreichbaren Isola San Biago wunderbare Badeplätze.

Johnson
0202 BS D

Linke Seite:
Ab 1259 wurde unter dem Stadtherrn von Verona, Mastino I. della Scala, die Skaligerburg von Sirmione ausgebaut. Einige der Herren „von der Leiter“ trugen wie dieser bezeichnenderweise Hundenamen ...

Nicht jeder Hafen an den Oberitalienischen Seen oder anderswo kann eine derartige Schutz- und Trutzarchitektur aufweisen wie derjenige von Sirmione am Gardasee. Er war Teil der repräsentativen Befestigungsanlage der Skaliger.

Der Wassergraben an der Skaligerburg von Sirmione sollte einst zum Schutz dienen und ist jetzt Teil des Freizeithafens. Für die Skaligerburgen typisch sind die Schwalbenschwanzzinnen.

Seite 130/131:
Lang und schmal liegt die Halbinsel von Sirmione in Süd-Nord-Ausrichtung im Gardasee. Sie war schon bei den Römern ein beliebter Ferienort und das ist auch heute noch so.

TAXI

Oben:
Für die Burg Arco nördlich des Gardasees interessierten sich in den letzten Jahrhunderten – nacheinander oder gleichzeitig – die Herrscher von Verona, Tirol, Frankreich, Bayern und Mailand. Der Name des Geschlechts Arco lebt bis heute unter anderem in einer bayerischen Bierbrauerei weiter.

Rechts:
In Molina di Ledro am Ledro-See, westlich von Riva am Gardasee, kann man ein Pfahlbauten-Museum besuchen. Am Ledrosee wurden Reste von Pfahlbauten aus der Bronzezeit gefunden, die also vor cirka 3500 Jahren errichtet worden waren.

Oben:
Der Lago di Tenno ist ein kleiner See in der Provinz Trient, dessen Ufer nicht mit dem Auto erreichbar ist. Einer Studie zufolge ist er der sauberste Süßwassersee Italiens.

Links:
Östlich von Bardolino liegt etwas abseits vom See inmitten von Weinbergen und Olivenhainen das Dörfchen Affi mit seinen typischen rustikalen Steinhäusern.

Register

20 km
Baceno
Val d'Ossola
Crevoladossola
S. Bernardo
S. Maria Maggiore
Trontano
Malesco
Locarno
Domo-dóssola
PN della Val Grande
Cannóbio
Cast. di Cannero
Cannero Riviera
Piedi-mulera
Lago di Mergozzo
Lago
Ghiffa
Germigna
Luin
Ornavasso
Verbánia
Porto Váltraváglia
Laveno
Baveno
I. E Borromee
Maggiore
Omegna
Stresa
S. Caterina del Sasso
Gavira
Belgirate
Lago di Varese
Varese
Varallo
Lago d'Orta
Orta
Ispra
Meina
S. Carlone
Angera
Lago di Comábbio
Arona
Gozzano
Borgo-sésia
Borgo-manero
Sesto Calende
Gallarate
Gattinara
Busto Asizio
Oléggio
PIEMONTE
Galliate
NOVARA
Abbiategr
Vercelli
Vigévan

Lago d. Livigno
Passo di Umbrail 2.501 m
Stilfser Joch 2.757 m
Livigno
Lago d. Cancano
Passo di Spluga 2.115 m
Suretta 3.027 m
Montespluga
St. Moritz
Arnoga
Bormio
Ortler 3.905 m
Ortlergruppe
Madesimo
Campodolcino
Forcola di Livigno 2.315 m
S. Caterina Valfurva
Lago d. S. Giustina
Cles
Pzo. Bernina 4.049 m
Péjo Terme
VEIZ
Chiavenna
Bernina
Sondalo
Cusiano
Dimaro
SÜDTIROL-TRENTINO
Grósio
M. Disgrazia 3.678 m
Chiesa in Valmalenco
Ponte di Legno
Novate Mezzola
Bagni di Masino
Vezza d'Oglio
Cima Presanella 3.558 m
Madonna di Campiglio
Lago d. Mezzola
Valtellina
Tirano
Adamello
Bellinzona
S. Bartolomeo
Verceia
Cascata di Nardis
Cima Brenta 3.151 m
Gera Lário
Sondrio
Teglio
Edolo
Pinzolo
Tresenda
Gravedona
Aprica
Adamello 3.554 m
Molveno
Cólico
Abb. di Piona
Morbegno
Lago d. Molveno
Lago
Alpi Oróbie
Malonno
Dervio
Pizzo di Coca 3.052 m
Camonica
Premana
Gerola Alta
Fóppolo
PN Inc. Rupestri
Stenico
Castillo Toblino
Tione di Trento
ugano
Menággio
di
Bellano
Pzo. d. Tre Signori 2.554 m
Valbondione
Capo di Ponte
Varenna
Lago di Lugano
Cadenabbia
Belággio
Valle Brembana
Gromo
Dro
Como
Intróbio
Valle Seriana
Breno
Pieve di Bono
Madonna di Ghisallo
Lago di Lecco
Piazza Brembana
Arco
Barzio
Ardésio
Valli Giudicarie
Mandello del Lário
Nesso
Boario Terme
Bezzecca
Riva del Garda
Rovereto
S. Giovanni Bianco
Clusone
Canzo
Darfo
Torbole
Lecco
Ponte Nossa
Lago di Ledro
Cernóbbio
S. Pietro
S. Pellegrino Terme
Val Camonica
M. Caplone 1.977 m
Brentonico
Lago di Garlate
Gandino
Lovere
Bagolino
Storo
alnate
Como
Erba
Calolzio-corte
Gazzaniga
Cóllio
Limone sul Garda
Pisogne
Lago d'Idro
Lago di Pusiano
Valle Seriana
Bianzano
Campione di Garda
Malcesine
Adda
Albino
Lago di Endine
Anfo
Avio
Almenno
Marone
Lago d'Iseo
Val Trompia
Tavernole
M. Baldo 2.218 m
Cantù
Brianza
Merate
Alzano Lombardo
Mad. d. Gastello
Idro
Adige
Tavernola
Mard. d. Ceriola
Vestone
Lago di Valvestino
Gargnano
Brenzone
Carate Brianza
Ponte S. Pietro
BERGAMO
Sulzano
Gardone Val Trómpia
Barghe
Toscolano-Maderno
Saronno
Seregno
Seriate
Sárnico
Iseo
Lago di Garda
Torri d. Benaco
Autodromo
Sarezzo
Gardone
Caprino Veronese
Désio
Vimercate
Oglio
Capriolo
Concésio
Salò
Palazzolo sull'Oglio
Rodengo
Nave
Gavardo
I. di Garda
Monza
Crespi d'Adda
Garda
Rovato
Manerba
Bardolino
Rho
Gorgonzola
Treviglio
Sério
Chiese
Grotte di Catullo
Romano di Lombardia
BRÉSCIA
Rezzato
Bedizzole
Sirmione
Lazise
VERONA
Melzo
Caravaggio
Desenzano del Garda
agenta
MILANO
Lonato
Bussolengo
Bagnolo Mella
Montichiari
Peschiera di Garda
Castelnuovo di Garda
LOMBARDIA
Ghedi
Castiglione d. Stiviere
Somma-campagna
Paullo
Manerbio
Carpenédolo
Solferino
Valeggio s. Mincio
Villafranca di Verona
Melegnano
Crema
Lodi
Médole
Soresina
Goito
Adda
Mincio
ITALIEN
Asola
Oglio
Pavia
Mántova
Cremona
Po

Eine Profumena, eine Parfümerie also, am Freizeithafen von Moniga del Garda bietet auch Bikinis, Badesandalen und Regenschirme feil. Der beliebte Urlaubsort mit zahlreichen Campingplätzen und Ferienanlagen liegt im Südwesten des Gardasees.

Impressum

Buchgestaltung
www.hoyerdesign.de

Karte
Fischer Kartografie, Aichach

Printed in Germany
Repro: Artilitho snc, Lavis-Trento, Italien
www.artilitho.com
Druck und Verarbeitung: Offizin Andersen Nexö, Leipzig

ISBN 978-3-8003-4104-7

Unser gesamtes Programm finden Sie unter:
www.verlagshaus.com